Impressum
Verlag: BABADADA GmbH, Nedderfeld 112 , 22529 Hamburg
Geschäftsführer / Verlagsleitung: Harald Hof
Druck: Books on Demand GmbH, In de Tarpen 42, 22848 Norderstedt

Imprint
Publisher: BABADADA GmbH, Nedderfeld 112 , 22529 Hamburg, Germany
Managing Director / Publishing direction: Harald Hof
Print: Books on Demand GmbH, In de Tarpen 42, 22848 Norderstedt, Germany

shkolla
škola

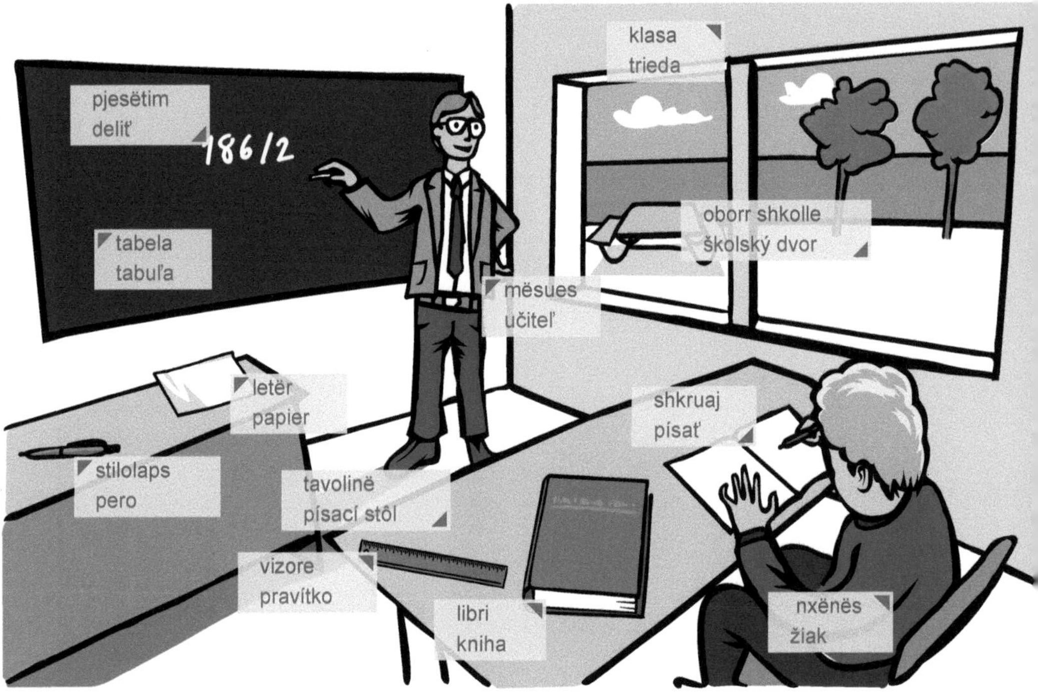
klasa
trieda
pjesëtim
deliť
186/2
oborr shkolle
školský dvor
tabela
tabuľa
mësues
učiteľ
letër
papier
shkruaj
písať
stilolaps
pero
tavolinë
písací stôl
vizore
pravítko
libri
kniha
nxënës
žiak

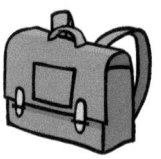

çantë

školská taška

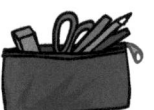

mbajtëse lapsash

peračník

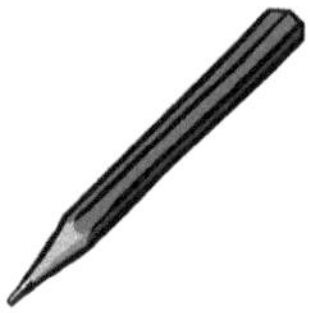

laps

ceruza

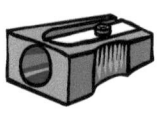

mprehës lapsash

strúhadlo na ceruzky

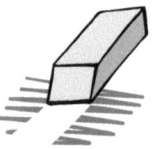

gomë

guma

fletore vizatimi

skicár

vizatim

kresba

penel

štetec

kuti bojërash

vodové farby

gërshërë

nožnice

ngjitës

lepidlo

fletore detyrash

cvičný zošit

detyrë shtëpie

domáca úloha

numër

číslo

mbledh

sčítať

zbres

odčítať

shumëzoj

násobiť

llogaris

počítať

gërmë

písmeno

alfabeti

abeceda

fjalë

slovo

tekst
text

lexoj
čítať

shkumës
krieda

mësim
hodina

regjistër
triedna kniha

provim
skúška

çertifikatë
certifikát

uniformë shkolle
školská uniforma

arsimim
vzdelanie

enciklopedia
encyklopédia

universitet
univerzita

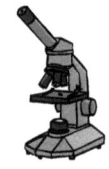

mikroskop
mikroskop

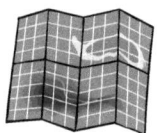

hartë
mapa

kosh letrash
kôš na papier

udhëtim
cesta

hotel
hotel
bujtinë
nocľaháreň
ROOMS
pikë këmbimi valutor
zmenáreň
€CHANGE
valixhe
kufor
makinë
auto

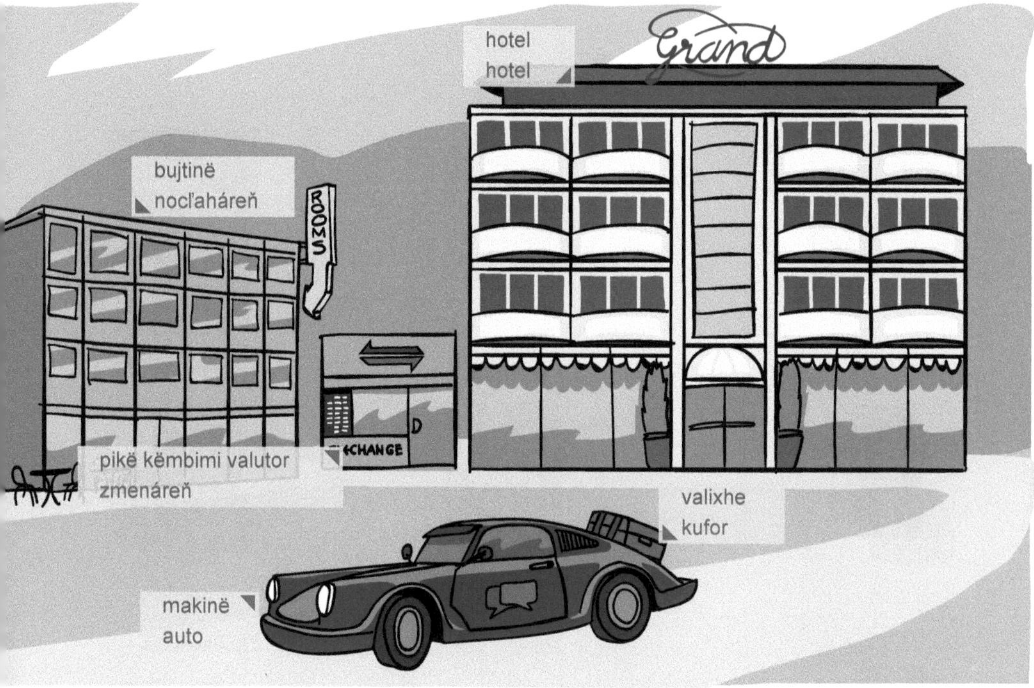

gjuhë
....
jazyk

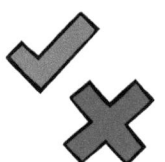

po / jo
....
áno/nie

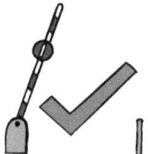

Në rregull
....
v poriadku

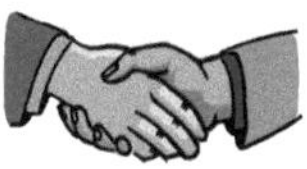

ç'kemi
....
ahoj

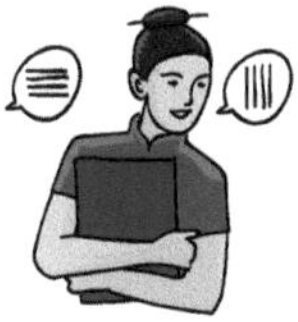

përkthyes
....
prekladateľ

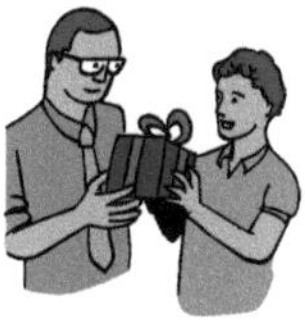

Faleminderit
....
ďakujem

sa kushton…?

Koľko stojí … ?

nuk e kuptoj

Nerozumiem

problem

problém

Mirëmbrëma!

Dobrý večer!

Mirëmëngjes!

Dobré ráno!

Natën e mirë!

Dobrú noc!

mirupafshim

Dovidenia

drejtim

smer

bagazhet

batožina

çantë

taška

çantë shpine

batoh

mysafir

hosť

dhomë

izba

thes gjumi

spacák

tendë

stan

informacion për turistët

informácie pre turistov

plazh

pláž

kartë krediti

kreditná karta

mëngjes

raňajky

drekë

obed

darkë

večera

Biletë

cestovný lístok

ashensor

výťah

pulla

poštová známka

kufi

hranica

doganë

clo

ambasadë

veľvyslanectvo

vizë

vízum

pasaportë

cestovný pas

transport

doprava

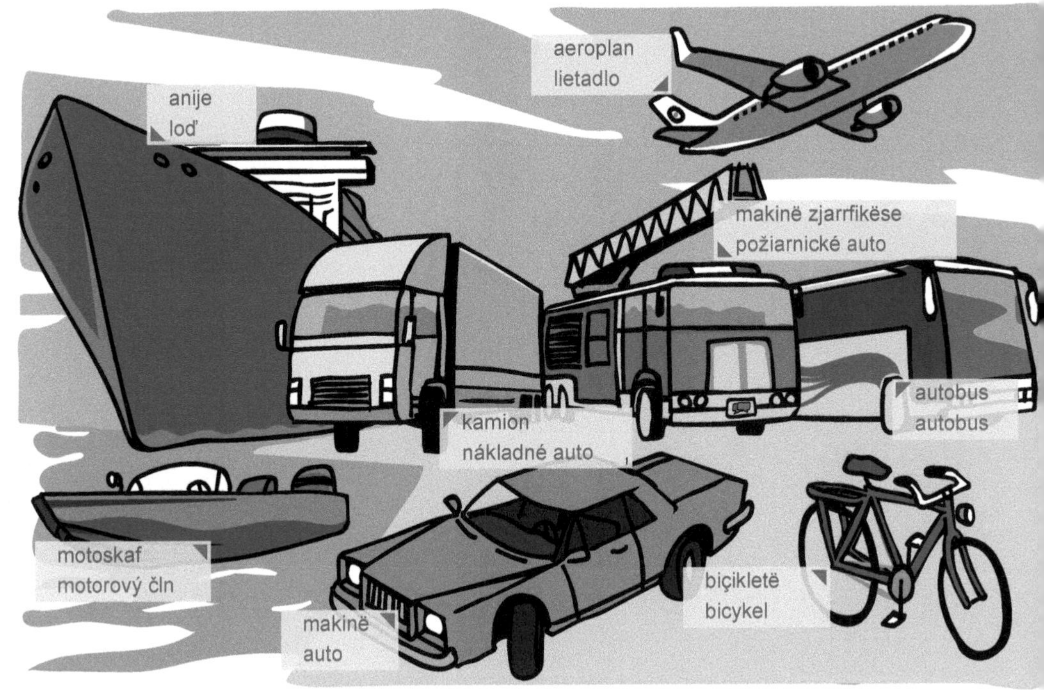

aeroplan
lietadlo
anije
loď
makinë zjarrfikëse
požiarnické auto
autobus
autobus
kamion
nákladné auto
motoskaf
motorový čln
biçikletë
bicykel
makinë
auto

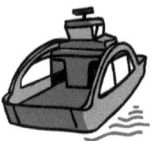

traget

trajekt

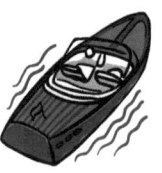

varkë

loď

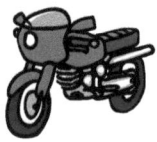

motoçikletë

motorka

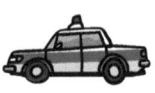

makinë policie

policajné auto

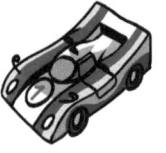

makinë garash

pretekárske auto

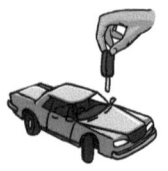

makinë me qira

vozidlo z požičovne

ndarje e qirasë së makinës

carsharing

karroatrec

odťahové auto

makinë plehrash

smetiarske auto

motor

motor

benzinë

benzín

pikë karburanti

čerpacia stanica

sinjalistikë trafiku

dopravná značka

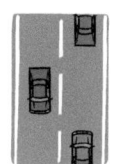

trafik

premávka

bllokim trafiku

zápcha

parkim makinash

parkovisko

stacion treni

vlaková stanica

trase

trate

tren

vlak

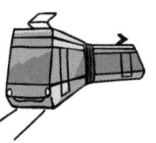

tramvaj

električka

karro

vagón

helikopter

helikoptéra

aeroport

letisko

kullë

veža

pasagjer

pasažier

kontenier

kontajner

kuti kartoni

kartón

qerre

vozík

shportë

kôš

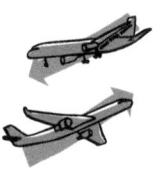

ngrihem / ulem

štartovať / pristáť

qytet

mesto

fshat

dedina

qendra e qytetit

centrum mesta

shtëpi

dom

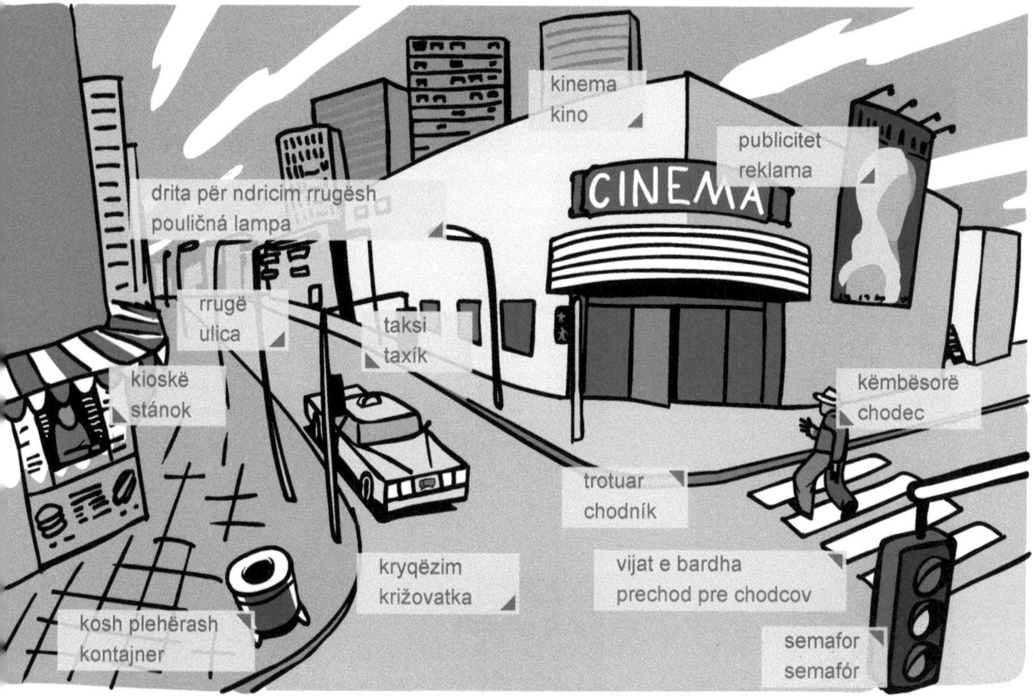

kinema
kino
publicitet
reklama
CINEMA
drita për ndricim rrugësh
pouličná lampa
rrugë
ulica
taksi
taxík
kioskë
stánok
këmbësorë
chodec
trotuar
chodník
kryqëzim
križovatka
vijat e bardha
prechod pre chodcov
kosh plehërash
kontajner
semafor
semafór

kasolle

chata

apartament

byt

stacion treni

vlaková stanica

bashki

radnica

MUSEUM

muze

múzeum

shkolla

škola

universitet
univerzita

bankë
banka

spital
nemocnica

hotel
hotel

farmaci
lekáreň

zyrë
kancelária

librari
kníhkupectvo

dyqan
obchod

dyqan lulesh
kvetinárstvo

supermarket
supermarket

market
trh

mapo
obchodný dom

dyqan peshku
obchodník s rybami

qëndër tregtare
nákupné stredisko

port
prístav

park
park

stol
lavička

urë
most

shkallë
schody

metro
metro

tunel
tunel

stacion autobuzi
autobusová zastávka

bar
bar

restorant
reštaurácia

kuti postare
poštová schránka

sinjalistikë rrugore
tabuľa s názvom ulice

kohëmatës parkimi
parkovacie hodiny

kopsht zoologjik
ZOO

pishinë
plaváreň

xhami
mešita

fermë
....
farma

ndotje
....
znečisťovanie životného
prostredia

varrezë
....
cintorín

kishë
....
kostol

shesh lojërash
....
ihrisko

tempull
....
chrám

peisazh
terén

gjethe
list

tabela orientuese
smerová tabuľa

rrugë
cesta

livadh
lúka

gurë
kameň

ekskursionist
turista

pemë
strom

lumë
rieka

bar
tráva

lule
kvet

14

luginë

dolina

kodër

kopec

liqen

jazero

pyll

les

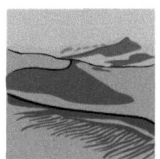

shkretëtirë

púšť

vullkan

vulkán

kështjellë

zámok

ylber

dúha

kepudhë

hríb

palmë

palma

mushkonjë

komár

mizë

mucha

milingonë

mravec

bletë

včela

merimangë

pavúk

brumbull

chrobák

bretkosë

žaba

ketër

veverička

iriq

jež

lepur

zajac

buf

sova

zog

vták

mjellmë

labuť

derr i egër

diviak

dre

jeleň

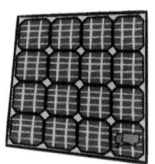

dre brilopatë

los

digë

hrádza

turbinë ere

veterná turbína

panel diellor

solárny panel

klimë

podnebie

restorant
reštaurácia

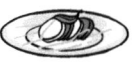

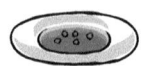

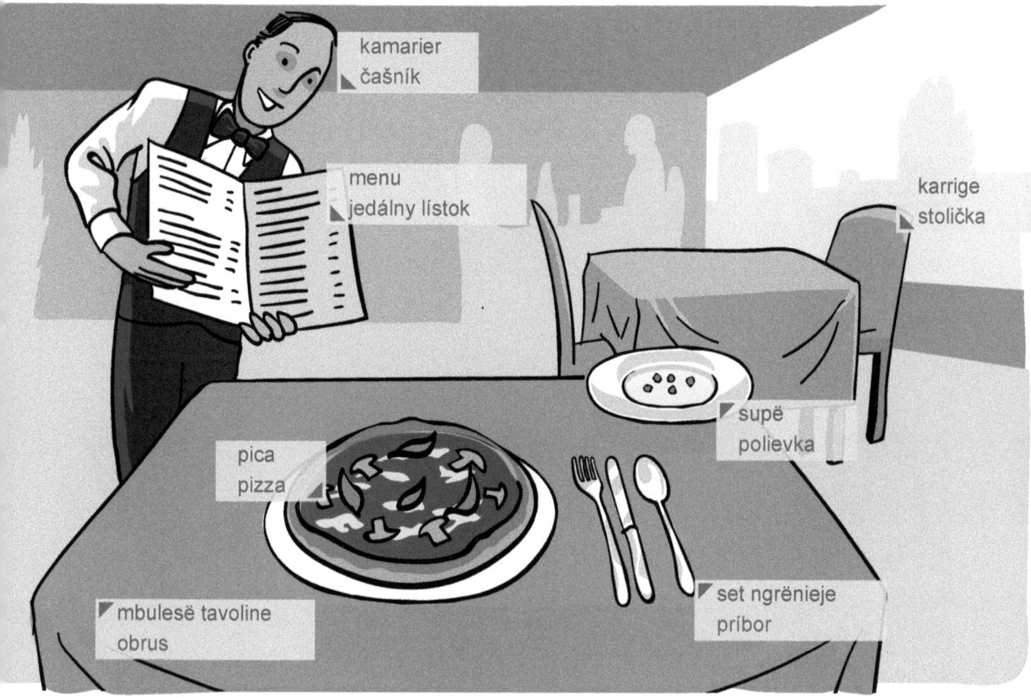
kamarier
čašník
menu
jedálny lístok
karrige
stolička
supë
polievka
pica
pizza
set ngrënieje
príbor
mbulesë tavoline
obrus

pjatë e parë

predjedlo

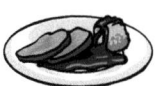

pjatë kryesore

hlavné jedlo

ëmbëlsirë

zákusok

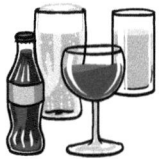

pije

nápoje

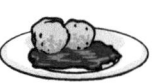

ushqim

jedlo

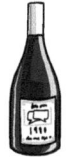

shishe

fľaša

ushqim i shpejtë

fast-food

ushqim i shërbyer në rrugë

street food

ibrik çaji

kanvica na čaj

kuti sheqeri

cukornička

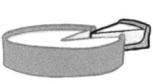

racion

porcia

makinë kafeje ekspres

stroj na espresso

karrige e lartë

detská stolička

faturë

účet

tabaka

podnos

thika

nôž

pirun

vidlička

lugë

lyžica

lugë çaji

čajová lyžička

pecetë

obrúsok

gotë

pohár

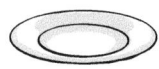

pjatë
....
tanier

pjatë supe
....
hlboký tanier

pjatë filxhani
....
podšálka

salcë
....
omáčka

mbajtëse kripe
....
soľnička

mulli piperi
....
mlynček na korenie

uthull
....
ocot

vaj
....
olej

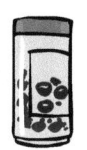

erëza
....
korenie

keçap
....
kečup

mustardë
....
horčica

majonezë
....
majonéza

supermarket
supermarket

ofertë speciale
špeciálna ponuka
FOR
klient
klient
produkte bulmeti
mliečne výrobky
frut
ovocie
karrocë pazari
nákupný vozík

BUTCHERS

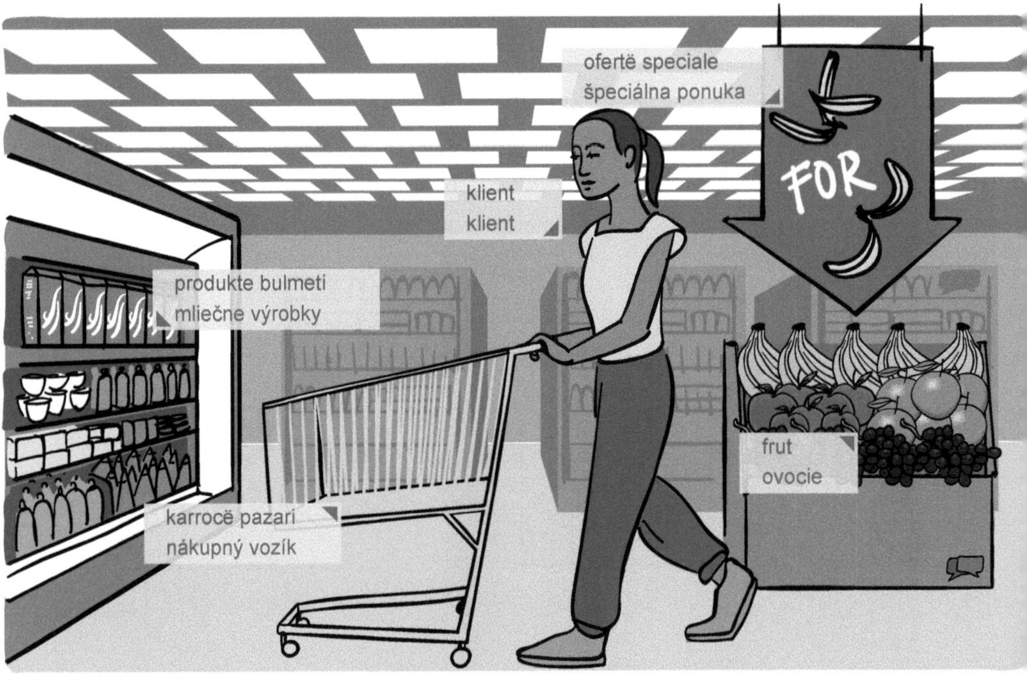

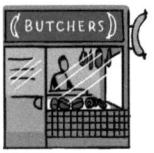

dyqan mishi
....
mäsiarstvo

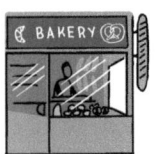

BAKERY

furrë buke
....
pekáreň

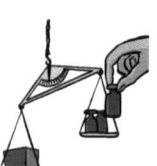

peshoj
....
vážiť

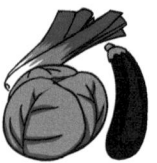

perime
....
zelenina

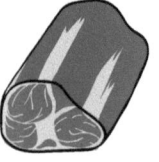

mish
....
mäso

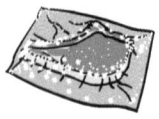

ushqim i ngrirë
....
mrazené potraviny

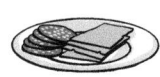

copë
....
nárez

ushqim i konservuar
....
konzervy

pluhur larës
....
prací prostriedok

ëmbëlsirat
....
sladkosti

prodhime shtëpie
....
domáce potreby

produkte pastrimi
....
čistiace prostriedky

shitëse
....
predavačka

kasë fiskale
....
pokladňa

arkëtar
....
pokladník

listë blerjeje
....
nákupný zoznam

oraret e punës
....
otváracie hodiny

portofol
....
peňaženka

kartë krediti
....
kreditná karta

çantë
....
taška

qese plastike
....
plastové vrecko

ujë

voda

lëng frutash

džús

qumësht

mlieko

koka-kola

kola

verë

víno

birrë

pivo

alkool

alkohol

kakao

kakao

çaj

čaj

kafe

káva

kafe ekspres

espresso

kapuçino

kapučíno

banane

banán

mollë

jablko

portokalle

pomaranč

pjepër

melón

limon

citrón

karrotë

mrkva

hudhër

cesnak

bambu

bambus

qepë

cibuľa

kërpudha

hríb

arra

orechy

makarona

rezance

spageti

špagety

oriz

ryža

sallatë

šalát

patate të skuqura

hranolky

patate të skuqura

pečené zemiaky

pica

pizza

hamburger

hamburger

sanduiç

obložený chlebík

shnicel

rezeň

proshutë

šunka

sallam

saláma

salçiçe

klobása

pulë

kurča

skuq

pečené mäso

peshk

ryba

tërshërë
ovsené vločky

drithëra
müsli

kornfleiks
kukuričné lupienky

miell
múka

kruasant
croissant

panine
pečivo

bukë
chlieb

tost
hrianka

biskotë
sušienky

gjalp
maslo

gjizë
tvaroh

tortë
koláč

vezë
vajce

vezë sy
volské oko

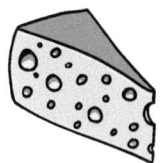

djathë
syr

ushqim - jedlo

akullore
zmrzlina

sheqer
cukor

mjaltë
med

marmaladë
lekvár

çokokrem
nugátová nátierka

këri
karí korenie

fermë
farma

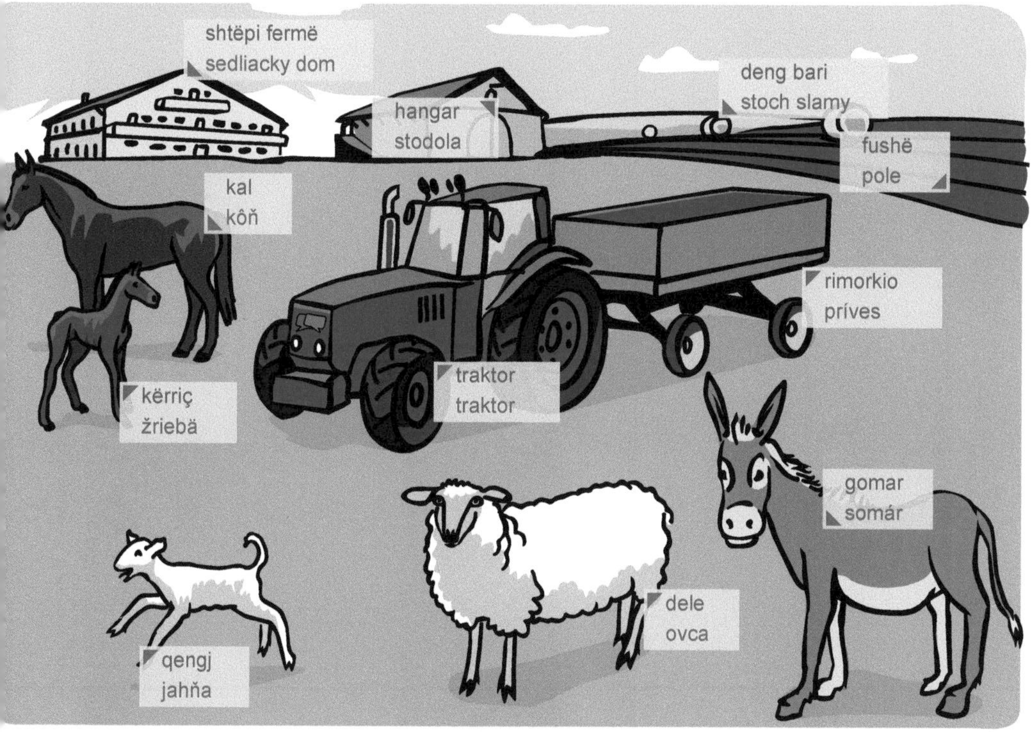
shtëpi fermë
sedliacky dom
hangar
stodola
deng bari
stoch slamy
fushë
pole
kal
kôň
rimorkio
príves
traktor
traktor
kërriç
žriebä
gomar
somár
dele
ovca
qengj
jahňa

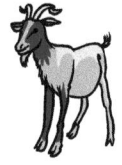

dhi

koza

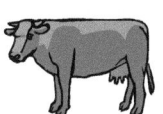

lopë

krava

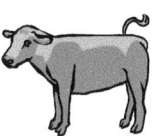

viç

teľa

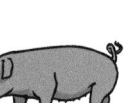

derr

prasa

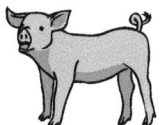

derrkuc

prasiatko

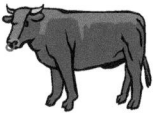

dem

býk

patë
hus

rosë
kačica

zog pule
kuriatko

pulë
sliepka

gjel
kohút

mi
potkan

mace
mačka

mi
myš

buall
vôl

qen
pes

kolibe qeni
psia búda

zorrë vaditëse
záhradná hadica

vaditëse
krhla

kosë
kosa

plug
pluh

drapër
kosák

shat
motyka

kosa
vidly na hnoj

sëpatë
sekera

karrocë
fúrik

govatë
koryto

bidon qumështi
kanva na mlieko

thes
vrece

gardh
plot

ahur
maštaľ

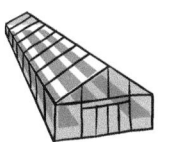

serë
skleník

dhe
pôda

farë
osivo

pleh
hnojivo

autokombanjë
kombajn

korr

žať

te korrat

žatva

patate e ëmbël "Yam"

batát

grurë

pšenica

soja

sója

patate

zemiak

misër

kukurica

raps

repka

pemë frutore

ovocný strom

zhardhok manioku

maniok

drithëra

obilie

shtëpi
dom

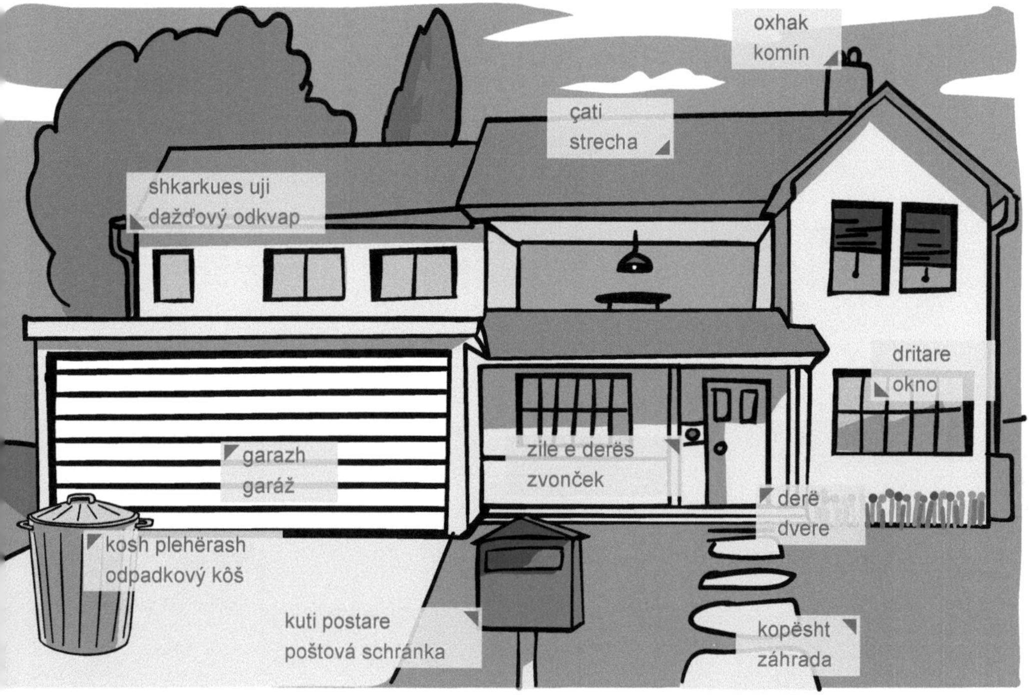

oxhak
komín
çati
strecha
shkarkues uji
dažďový odkvap
dritare
okno
garazh
garáž
zile e derës
zvonček
derë
dvere
kosh plehërash
odpadkový kôš
kuti postare
poštová schránka
kopësht
záhrada

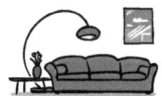

dhomë ndenjeje

obývačka

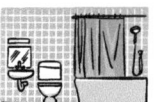

tualet

kúpeľňa

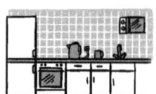

kuzhinë

kuchyňa

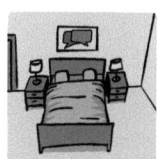

dhomë gjumi

spálňa

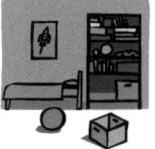

dhomë fëmijësh

detská izba

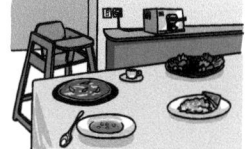

dhomë ngrënieje

jedáleň

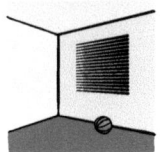

dysheme

podlaha

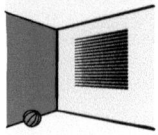

mur

stena

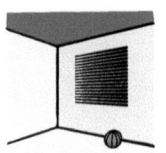

tavan

strop

bodrum

pivnica

sauna

sauna

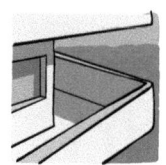

ballkon

balkón

tarracë

terasa

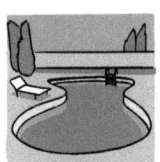

pishinë

bazén

kositëse bari

kosačka

çarçaf

obliečka

kuvertë

posteľná prikrývka

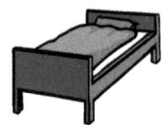

krevat

posteľ

fshesë dore

metla

kovë

vedro

çelës

vypínač

dhomë ndenjeje
obývačka

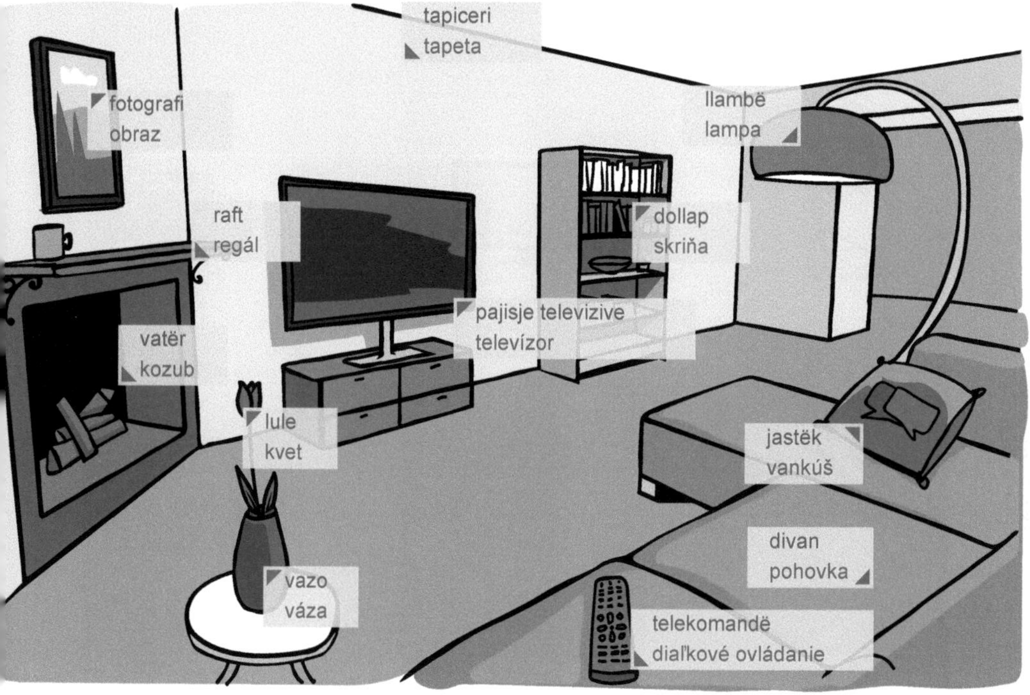

tapiceri
tapeta
fotografi
obraz
llambë
lampa
raft
regál
dollap
skriňa
pajisje televizive
televízor
vatër
kozub
lule
kvet
jastëk
vankúš
divan
pohovka
vazo
váza
telekomandë
diaľkové ovládanie

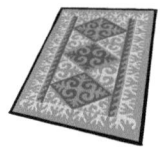

qilim

koberec

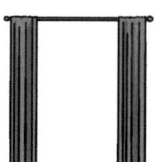

perde

záclona

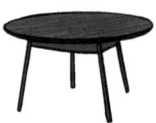

tavolinë

stôl

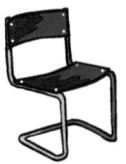

karrige

stolička

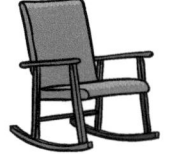

karrige lëkundëse

hojdacie kreslo

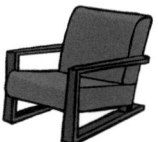

kolltuk

kreslo

libri

kniha

batanije

prikrývka

zbukurime

dekorácia

dru zjarri

drevo na kúrenie

film

film

stereo

hi-fi veža

çelës

kľúč

gazetë

noviny

pikturë

maľba

afishe

plagát

radio

rádio

bllok shënimesh

zápisník

fshesë me korent

vysávač

kaktus

kaktus

qiri

sviečka

kuzhinë
kuchyňa

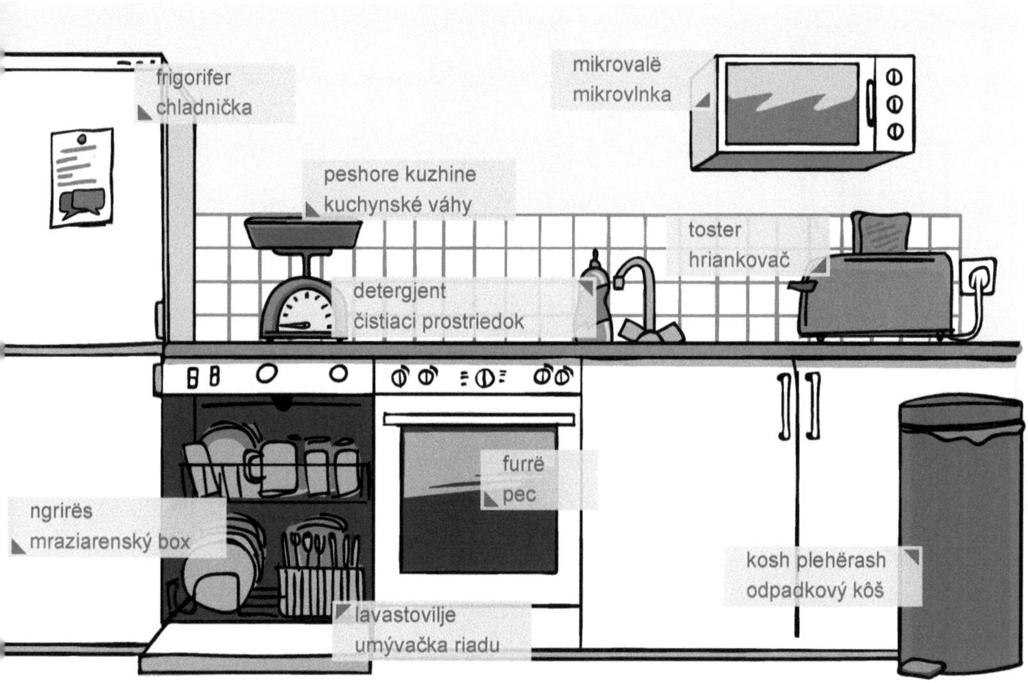
frigorifer
chladnička
mikrovalë
mikrovlnka
peshore kuzhine
kuchynské váhy
toster
hriankovač
detergjent
čistiaci prostriedok
furrë
pec
ngrirës
mraziarenský box
kosh plehërash
odpadkový kôš
lavastovilje
umývačka riadu

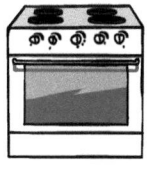

sobë

sporák

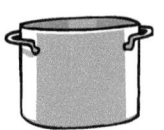

tenxhere

hrniec

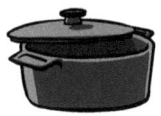

tenxhere me kapak

železný hrniec

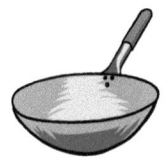

tigan special (Wok)

wok / kadai

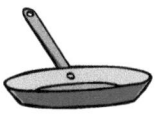

tigan

panvica

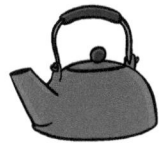

çajnik

rýchlovarná kanvica

tenxhere me avull

parný hrniec

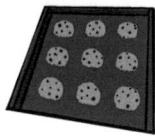

tavë pjekjeje

plech na pečenie

enë

riad

filxhan

pohár

tas

misa

shkopinj

paličky

garuzhde

naberačka na polievku

spatul

stierka

tel kuzhine

metlička

kulluese

cedidlo

sitë

sitko

rende

strúhadlo

havan

mažiar

skarë

gril

zjarr

ohnisko

dërrasë për prerje

doska na krájanie

okllai

valček na cesto

heqëse tapash

vývrtka

kanaçe

konzerva

hapëse kanaçeje

otváráč na konzervy

rrobë për të kapur tenxheren

chňapka

lavaman

výlevka

furçë

kefa

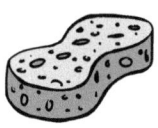

sfungjer

hubka

përzjerës

mixér

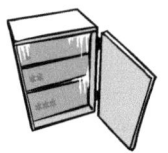

ngrirës

mraznička

biberon për lëngje

kojenecká fľaša

rubinet

vodovodný kohútik

tualet
kúpeľňa

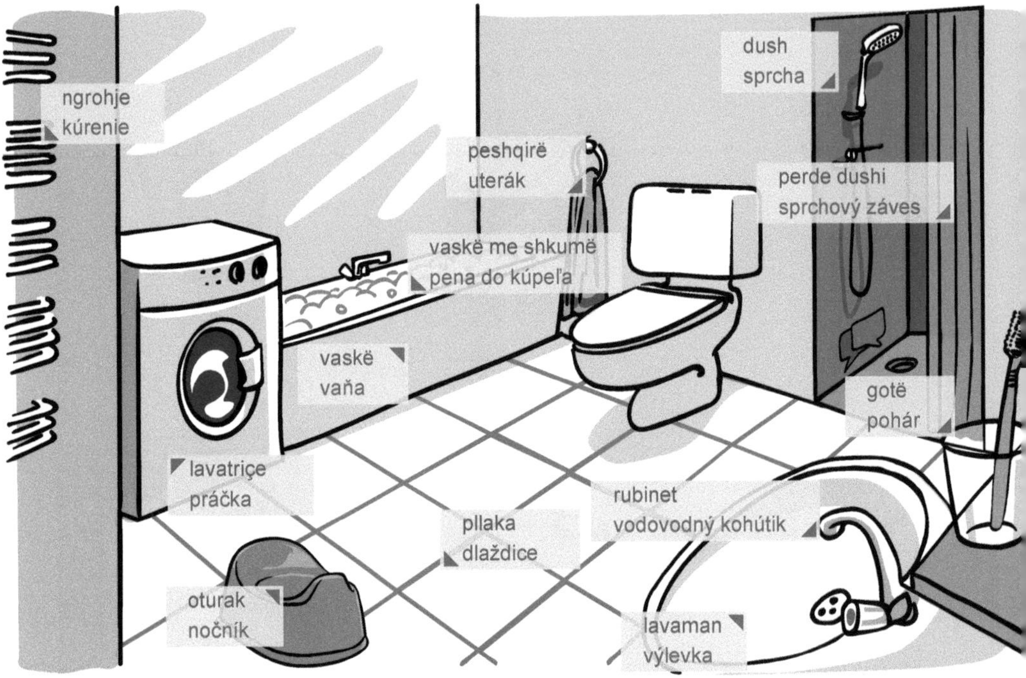

ngrohje
kúrenie
dush
sprcha
peshqirë
uterák
perde dushi
sprchový záves
vaskë me shkumë
pena do kúpeľa
vaskë
vaňa
gotë
pohár
lavatriçe
práčka
rubinet
vodovodný kohútik
pllaka
dlaždice
oturak
nočník
lavaman
výlevka

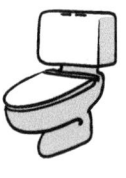

tualet
záchod

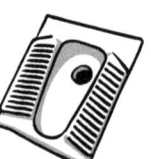

WC e sheshtë
suchý záchod

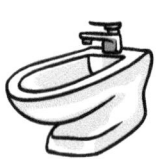

bide
bidet

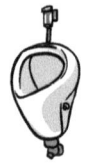

tualet publik
pisoár

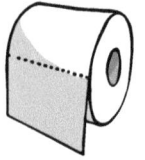

letër higjienike
toaletný papier

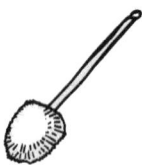

furçe për WC
záchodová kefa

furçë dhëmbësh

zubná kefka

pastë dhëmbësh

zubná pasta

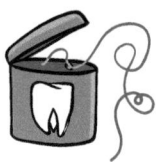

fije dentare

dentálna niť

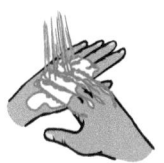

laj

umývať

dorezë dushi

ručná sprcha

larës për zonën intime

sprcha pre intímnu hygienu

legen

umývadlo

furçë për masazh shpine

kefa na chrbát

sapun

mydlo

shampo trupi

sprchový gél

shampo

šampón

leckë pastruese

frotírová rukavica

kullues

odtok

krem

krém

antidjersë

dezodorant

pasqyrë

zrkadlo

pasqyrë dore

kozmetické zrkadlo

brisk rroje

žiletka

shkumë rroje

pena na holenie

locion pas rrojes

voda po holení

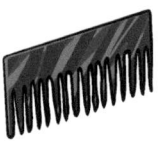

krehër

hrebeň

furçë

kefa

tharëse flokësh

sušič vlasov

llak për flokët

sprej na vlasy

grim

make-up

buzëkuq

rúž

manikyr

lak na nechty

mbushje pambuku

vata

gërshërë për thonj

nožnice na nechty

parfum

parfum

çantë për sendet personale

kozmetická taška

Stol

stolček

peshore

váha

robëdëshambër

kúpací plášť

dorashka gome

gumové rukavice

tampon

tampón

peceta higjienike

menštruačná vložka

tualet I lëvizshëm

chemické WC

dhomë fëmijësh

detská izba

orë me zile
budík
lodra me pellushë
plyšová hračka
makinë lodër
hračkárske auto
rraketake
hrkálka
shtëpi kukullash
domček pre bábiky
dhuratë
dar

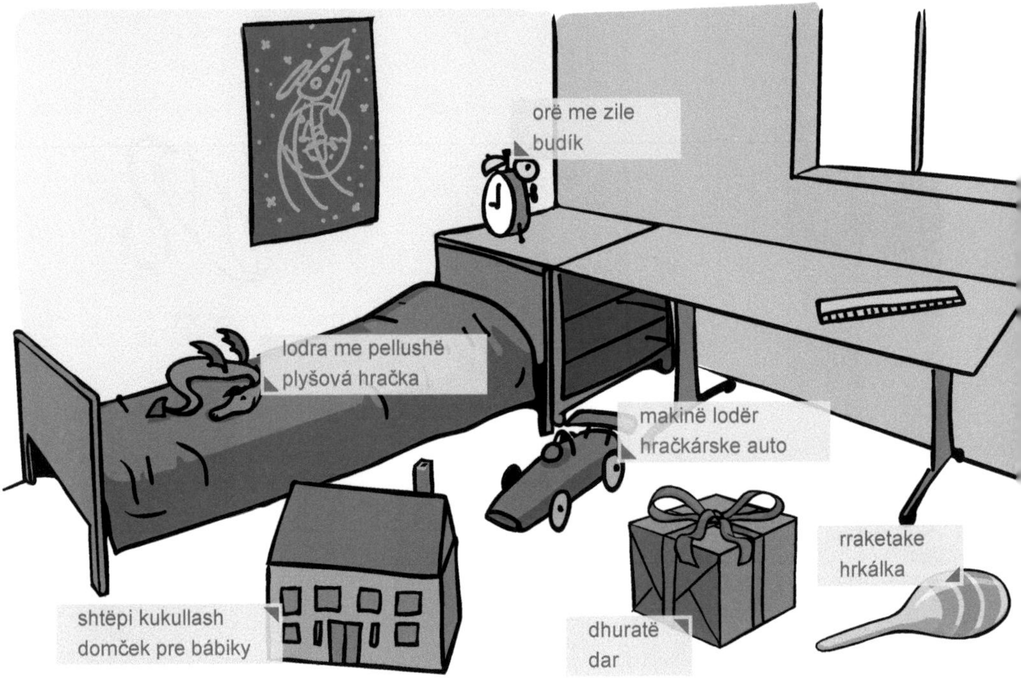

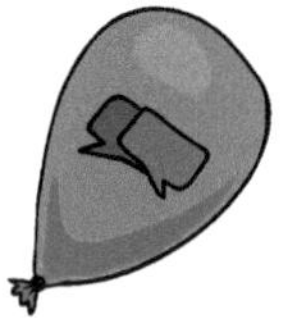

tollumbace

balón

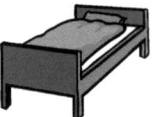

krevat

posteľ

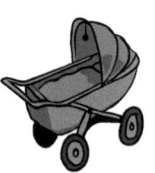

karrocë fëmijësh

detský kočík

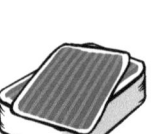

lojë me letra

karty

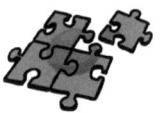

bashkim pjesësh me figura

puzzle

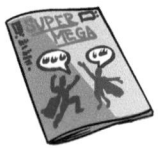

komik

komix

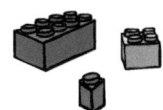

formuese lodër

skladačka lego

kuba plastikë

stavebnica

lodra

akčná postavička

badi

dupačky

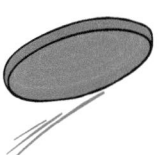

frizbi

lietajúci tanier

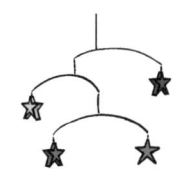

lodra të varura tek krevati i fëmijëve

závesné hračky

tavolinë lojërash

stolová hra

zare

kocka

model treni

modelový vláčik

biberon

cumlík

festë

párty

libër me ilustrime

obrázková kniha

top

lopta

kukull

bábika

luaj

hrať sa

grumbull rëre
pieskovisko

kolovarëse
hojdačka

lodra
hračky

leva për lojra video
hracia konzola

triçikël
trojkolka

arush prej pellushi
medvedík

garderobë
šatník

veshje

šatstvo

çorape
ponožky

çorape të gjata
pančuchy

geta
pančuchové nohavičky

shall
šál

çadër
dáždnik

rrip
opasok

bluzë pa jakë
tričko

atlete
tenisky

çizme
čižmy

pantofla
papuče

sandale
sandále

këpucë
topánky

çizme llastiku
gumáky

të mbathura
spodky

reçipeta
podprsenka

kanotierë
tielko

trup

body

pantallona

nohavice

xhinse

džínsy

fund

sukňa

bluzë

blúzka

këmishë

košeľa

pulovër

pulóver

triko

sveter

xhaketë

blejzer

xhaketë

bunda

pallto

kabát

mushama shiu

pršiplášť

kostum

kostým

fustan

šaty

fustan nusërie

svadobné šaty

kostum

oblek

këmishë nate

nočná košeľa

pizhama

pyžamo

sari (veshje tradicionale indiane)

sari

shami koke

šatka na hlavu

çallmë

turban

veshje për femrat e besimit musliman

burka

kaftan (lloj veshjeje tradicionale)

kaftan

ferexhe

abaja

kostum banje

dvojdielne plavky

rroba banje

plavky

pantallona të shkurtra

šortky

tuta sporti

tepláková súprava

përparëse

zástera

dorashka

rukavice

kopsë

gombík

syze

okuliare

byzylyk

náramok

gjerdan

retiazka

unazë

prsteň

vath

náušnica

kapuç

čiapka

varëse për pallto

vešiak

kapele

klobúk

kravatë

kravata

zinxhir

zips

helmetë

prilba

tiranda

traky

uniformë shkolle

školská uniforma

uniformë

uniforma

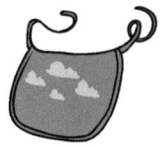

gushore

podbradník

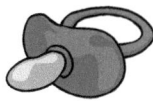

biberon

cumlík

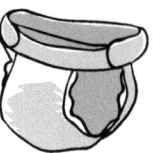

pelenë

plienka

zyrë
kancelária

server
server
skedar
skriňa na spisy
letër
papier
printer
tlačiareň
ekran
monitor
maus
myš
tavolinë
písací stôl
dosje
zakladač
tastierë
klávesnica
kosh letrash
kôš na papier
kompjuter
počítač
karrige
stolička

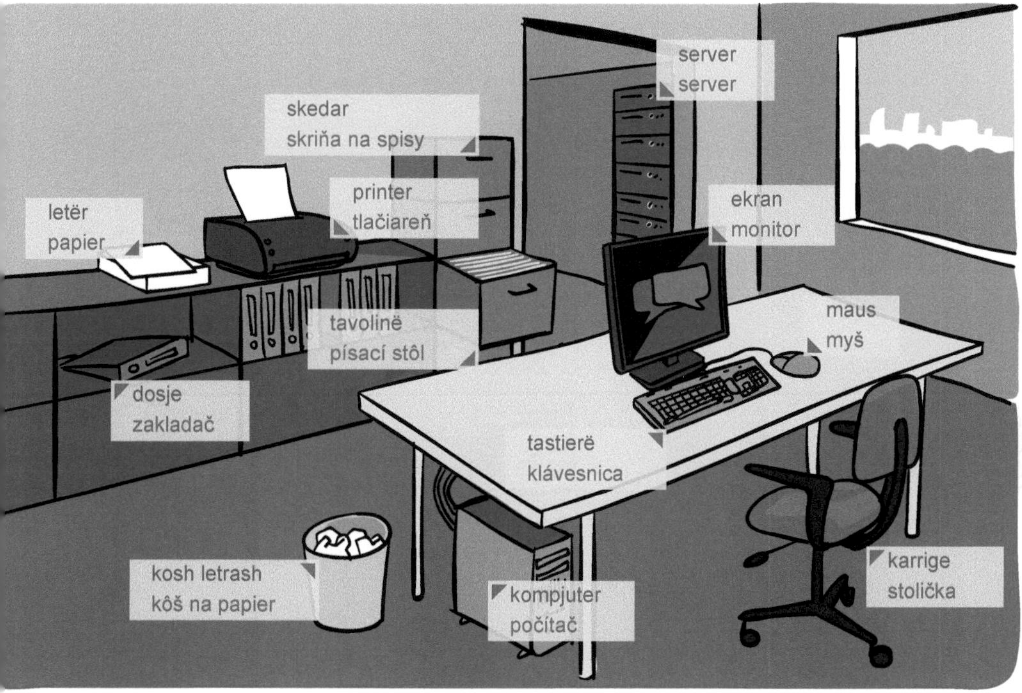

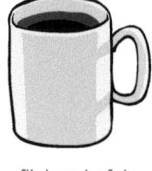

filxhan kafeje

hrnček na kávu

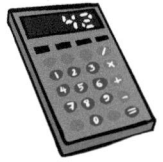

makinë llogaritëse

kalkulačka

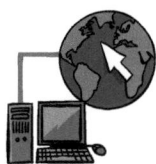

internet

internet

kompjuter portativ

laptop

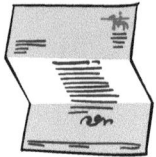

letër

list

mesazh

správa

telefon

mobil

rrjet

sieť

fotokopje

kopírka

program

softvér

telefon

telefón

prizë

elektrická zásuvka

pajisje faksi

fax

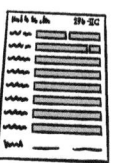

formular

formulár

dokument

doklad

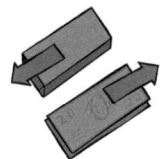

blej

kúpiť

paguaj

platiť

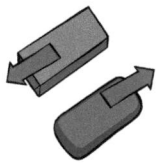

tregtoj

obchodovať

para

peniaze

USD

dollar

dolár

EUR

euro

euro

JPY

jen

jen

RUB

rubla

rubeľ

CHF

franga zvicerane

švajčiarsky frank

CNY

juani kinez

čínsky jüan

INR

rupje

rupia

bankomat

bankomat

pikë këmbimi valutor

zmenáreň

ar

zlato

argjend

striebro

nafta

ropa

energji

energia

çmim

cena

kontratë

zmluva

taksë

daň

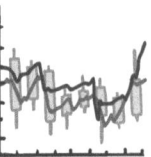

aksione

akcia

punoj

pracovať

punonjës

zamestnanec

punëdhënës

zamestnávateľ

fabrikë

továreň

dyqan

obchod

oficer policie
policajt

zjarrfikës
hasič

kuzhinier
kuchár

mjek
lekár

pilot
pilót

kopshtar

záhradník

marangoz

stolár

rrobaqepëse

krajčírka

gjykatës

sudca

kimist

chemik

aktor

herec

shofer autobuzi

vodič autobusu

taksist

taxikár

peshkatar

rybár

pastruese

upratovačka

riparues çatish

pokrývač

kamarier

čašník

gjuetar

poľovník

piktor

maliar

furrxhi

pekár

elektriçist

elektrikár

ndërtues

stavebný robotník

inxhinier

inžinier

kasap

mäsiar

hidraulik

klampiar

postieri

poštár

ushtar

vojak

arkitekt

architekt

arkëtar

pokladník

luleshitës

kvetinár

berber

kaderník

kontrollor

sprievodca

mekanik

mechanik

kapiten

kapitán

dentist

zubár

shkencëtar

vedec

rabin

rabín

imam

imám

murg

mních

klerik

farár

mjete
náradie

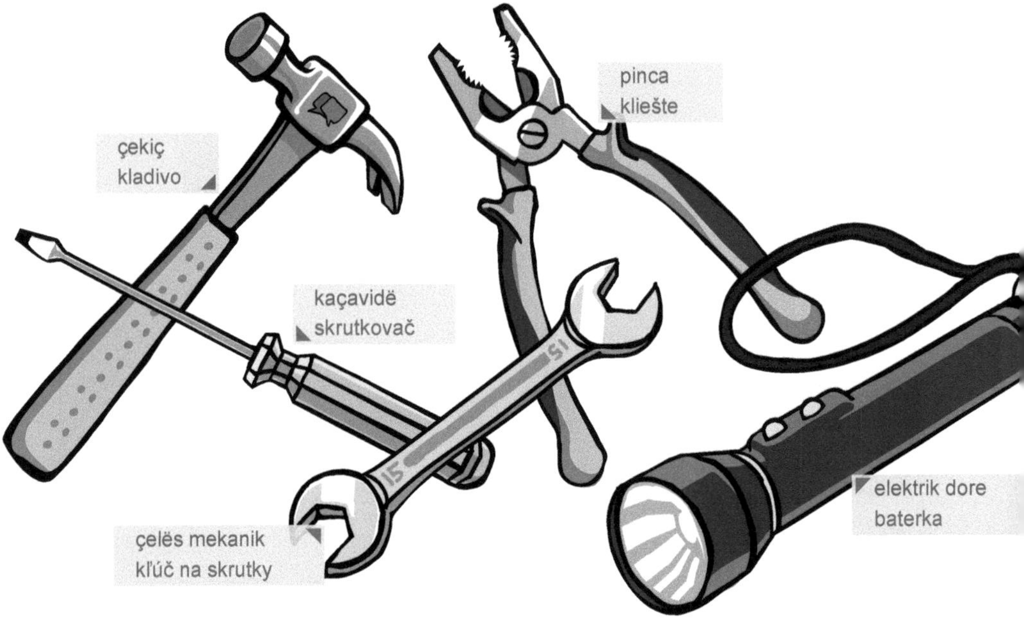

çekiç
kladivo
pinca
kliešte
kaçavidë
skrutkovač
çelës mekanik
kľúč na skrutky
elektrik dore
baterka

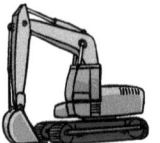

ekskavator

bager

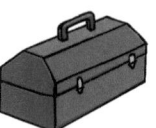

kuti veglash

súprava náradia

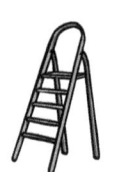

shkallë

rebrík

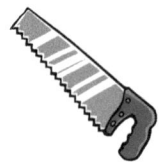

sharrë

pílka

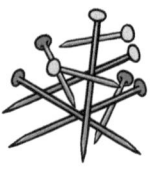

gozhdë

klince

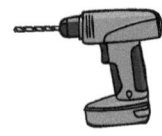

trapan

vrták

riparoj
opraviť

lopatë
lopata

Dreq!
Do čerta!

kaci
lopatka na smeti

kuti boje
nádoba s farbou

vidhë
skrutky

instrumenta muzikorë
hudobné nástroje

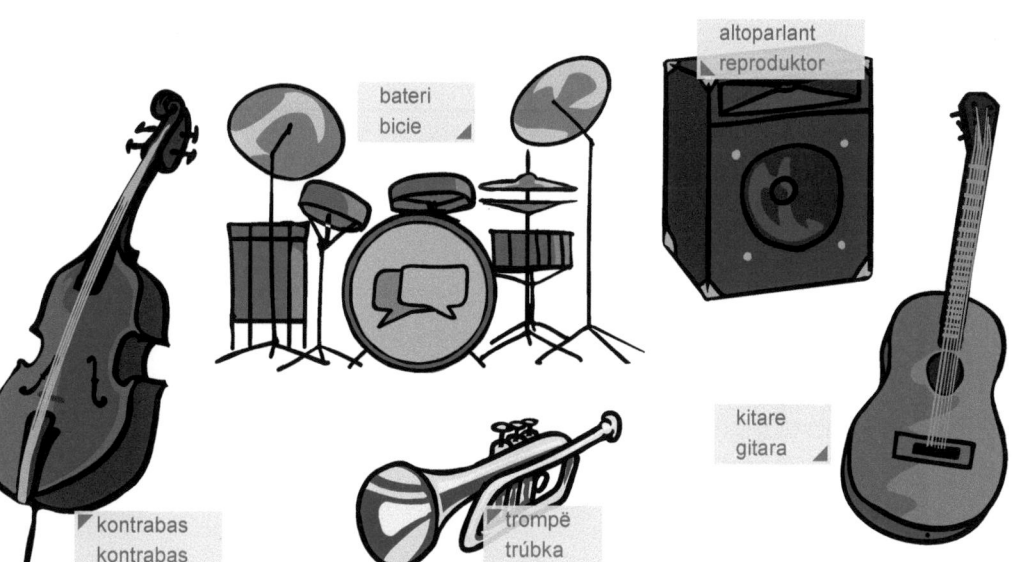

altoparlant
reproduktor

bateri
bicie

kontrabas
kontrabas

trompë
trúbka

kitare
gitara

piano
klavír

violinë
husle

bas
basa

tamburë
tympany

daulle
bubon

tastierë pianoje
klávesnica

saksofon
saxofón

flaut
flauta

mikrofon
mikrofón

instrumenta muzikorë - hudobné nástroje

kopsht zoologjik
ZOO

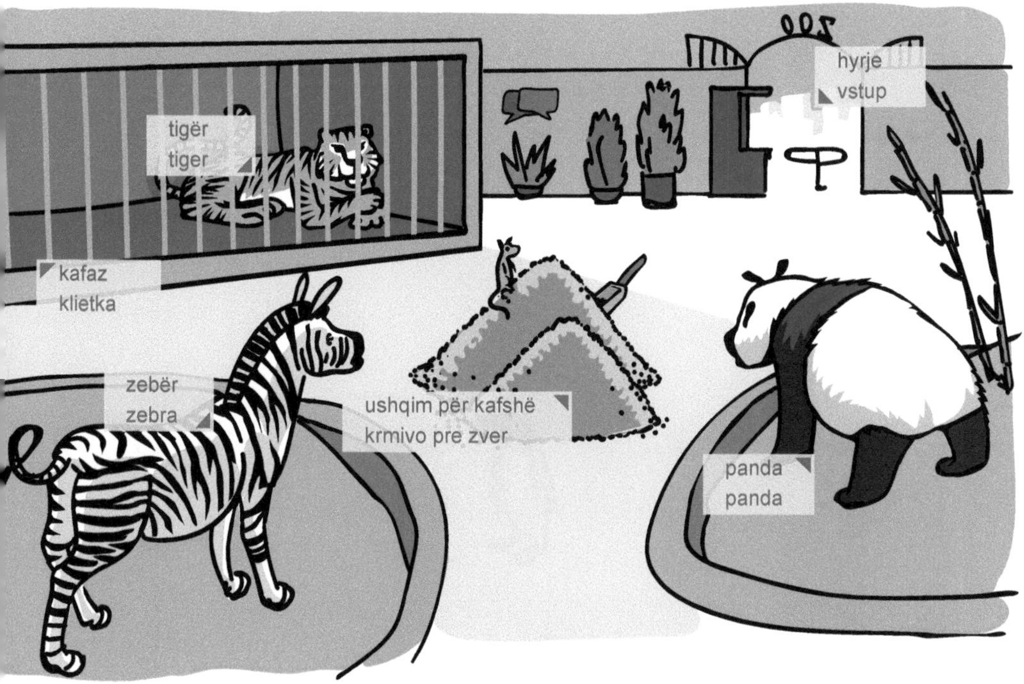
hyrje
vstup
tigër
tiger
kafaz
klietka
zebër
zebra
ushqim për kafshë
krmivo pre zver
panda
panda

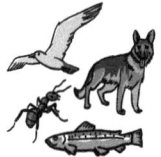

kafshë
zvieratá

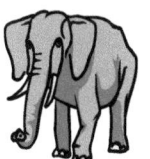

elefant
slon

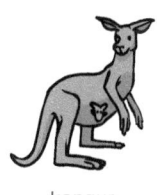

kangur
klokan

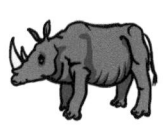

rinoceront
nosorožec

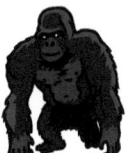

gorillë
gorila

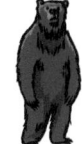

ari
medveď

deve

ťava

struc

pštros

luan

lev

majmun

opica

flamingo

plameniak

papagall

papagáj

ari polar

ľadový medveď

pinguin

tučniak

peshkaqen

žralok

pallua

páv

gjarpër

had

krokodil

krokodíl

punonjës i kopshtit zoologjik

ošetrovateľ v ZOO

fokë

tuleň

xhaguar

jaguár

poni
poník

leopard
leopard

hipopotam
hroch

gjirafë
žirafa

shqiponjë
orol

derr i egër
diviak

peshk
ryba

breshkë
korytnačka

lopë deti
mrož

dhelpër
líška

gazelë
gazela

futboll amerikan
americký futbal

çiklizëm
cyklistika

tenis
tenis

basketboll
basketbal

not
plávanie

boks
box

hokej mbi akull
hokej

futboll
futbal

badminton
bedminton

atletikë
ľahká atletika

hendboll
hádzaná

ski
lyžovanie

polo
pólo

aktivitet
aktivity

hidhem
skočiť
përqafoj
objať
qesh
smiať sa
eci
chodiť
këndoj
spievať
ëndërroj
snívať
lutem
modliť sa
puth
pobozkať

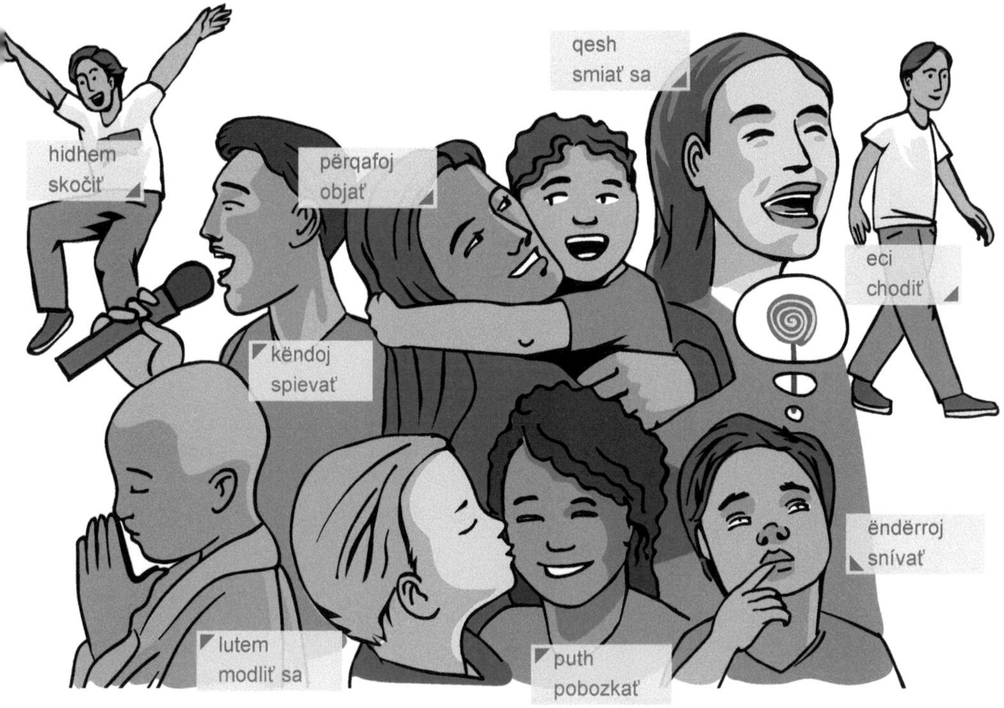

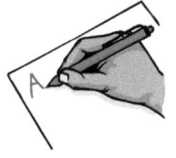

shkruaj

písať

vizatoj

kresliť

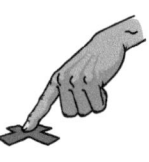

tregoj

ukázať

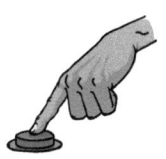

shtyj

tlačiť

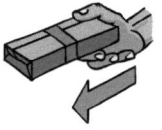

jap

dať

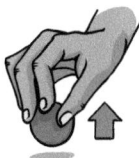

marr

brať

kam
....
mať

běj
....
robiť

jam
....
byť

qëndroj
....
stáť

vrapoj
....
bežať

tërheq
....
ťahať

hedh
....
hádzať

bie
....
padnúť

shtrihem
....
ležať

pres
....
čakať

mbaj
....
nosiť

ulem
....
sedieť

vishem
....
obliecť sa

fle
....
spať

zgjohem
....
zobudiť sa

shikoj

pozerať

qaj

plakať

përkëdhel

hladkať

kreh

česať

bisedoj

hovoriť

kuptoj

rozumieť

kërkoj

pýtať sa

dëgjoj

počuť

pi

piť

ha

jesť

sistemoj

upratať

dashuroj

milovať

gatuaj

variť

drejtoj makinën

jazdiť

fluturoj

letieť

aktivitet - aktivity

lundroj

plachtiť

llogaris

počítať

lexoj

čítať

mësoj

učiť sa

punoj

pracovať

martohem

oženiť

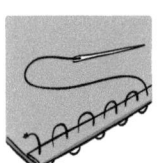

qep

šiť

laj dhëmbët

čistiť zuby

vras

zabiť

tymos

fajčiť

dërgoj

poslať

aktivitet - aktivity

familje
rodina

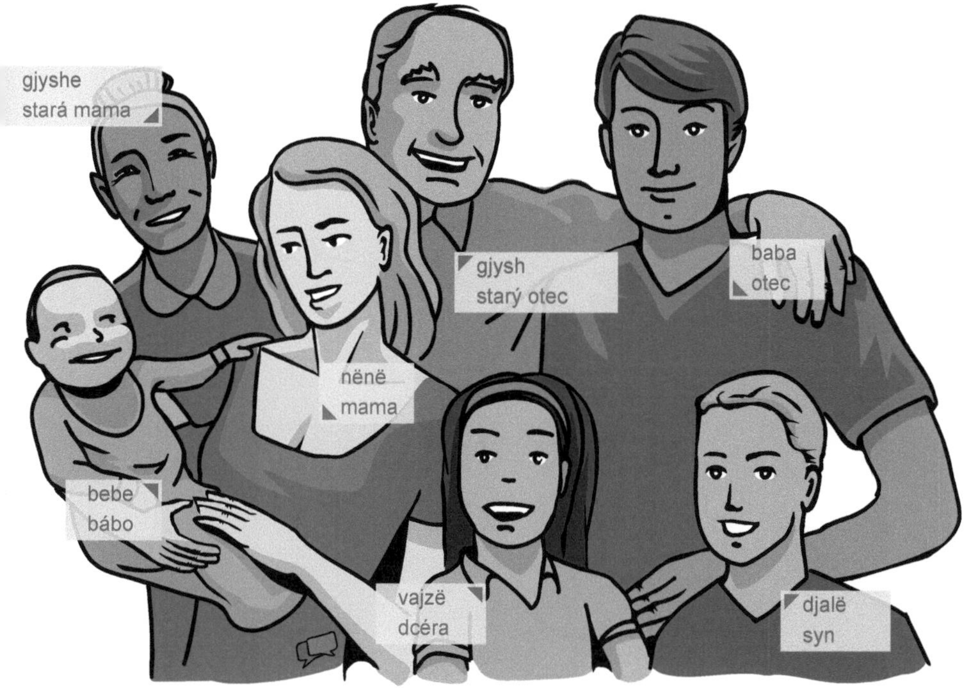

gjyshe
stará mama
gjysh
starý otec
baba
otec
nënë
mama
bebe
bábo
vajzë
dcéra
djalë
syn

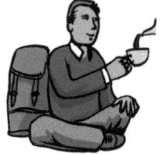

mysafir
hosť

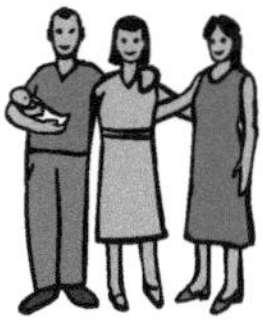

teze, hallë
teta

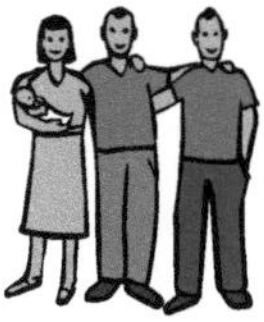

dajë, xhaxha
strýko

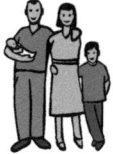

vëlla
brat

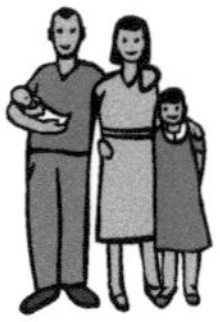

motër
sestra

trupi

telo

balli
čelo
syri
oko
shpatulla
plece
gishti
prst
fytyra
tvár
mjekra
brada
dora
ruka
kraharori
hruď
këmba
noha
krahu
rameno

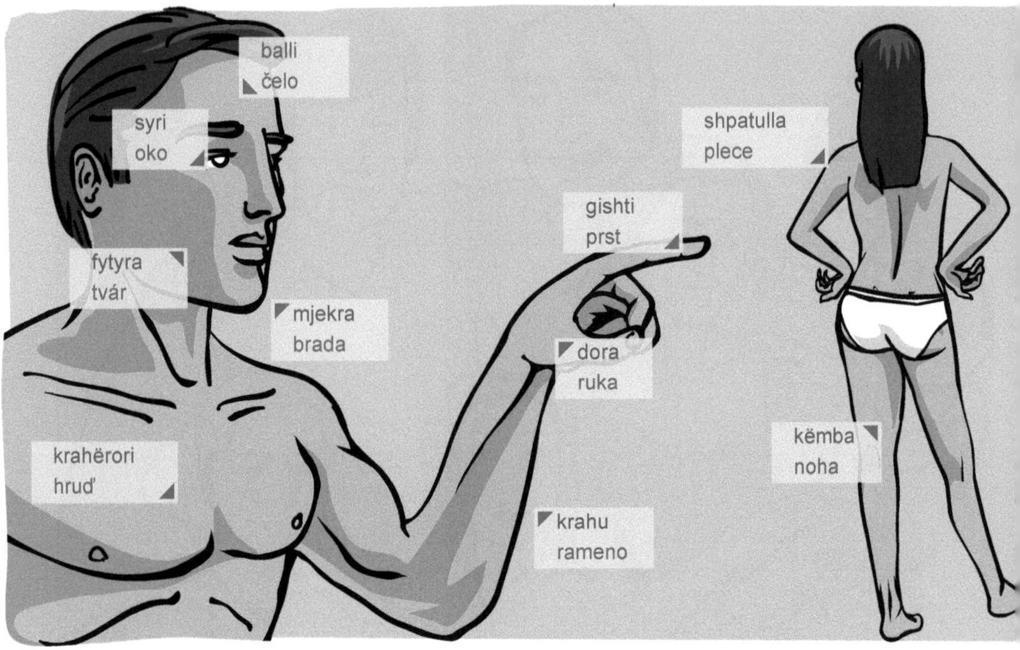

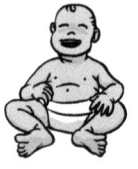

bebe

bábo

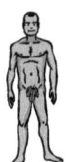

burrë

muž

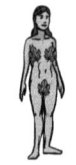

grua

žena

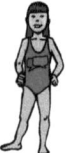

vajzë

dievča

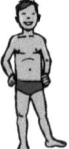

djalë

chlapec

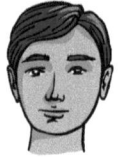

koka

hlava

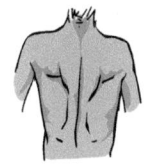

shpina

chrbát

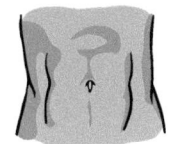

barku

brucho

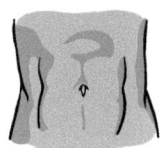

kërthiza

pupok

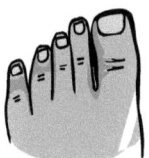

gisht këmbe

prst na nohe

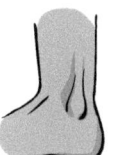

Thembra

päta

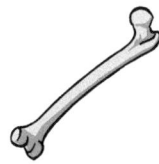

kockë

kosť

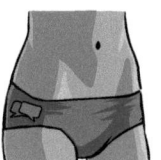

legeni

bok

gjuri

koleno

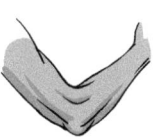

bërryli

lakeť

hunda

nos

vithe

zadok

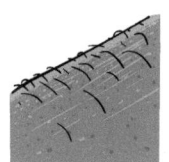

lëkura

koža

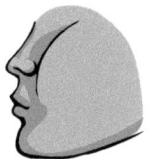

faqja

líce

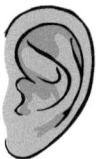

veshi

ucho

buza

pery

goja

ústa

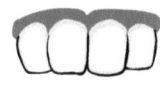

dhëmbët

zub

gjuha

jazyk

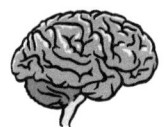

truri

mozog

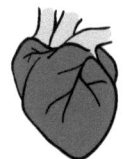

zemra

srdce

muskul

svaly

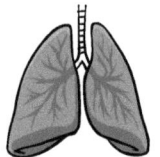

mushkëria

pľúca

mëlçia

pečeň

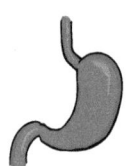

stomaku

žalúdok

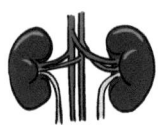

veshka

obličky

seks

pohlavný styk

prezervativ

kondóm

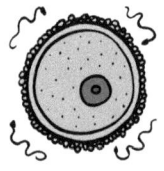

veza

vaječná bunka

sperma

semeno

shtatëzani

tehotenstvo

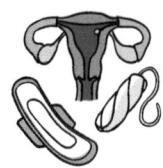

menstruacione

menštruácia

vagina

vagína

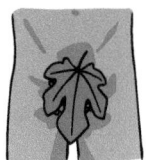

penis

penis

vetulla

obočie

flokët

vlasy

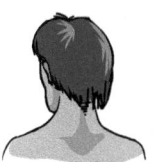

qafa

krk

spital
nemocnica

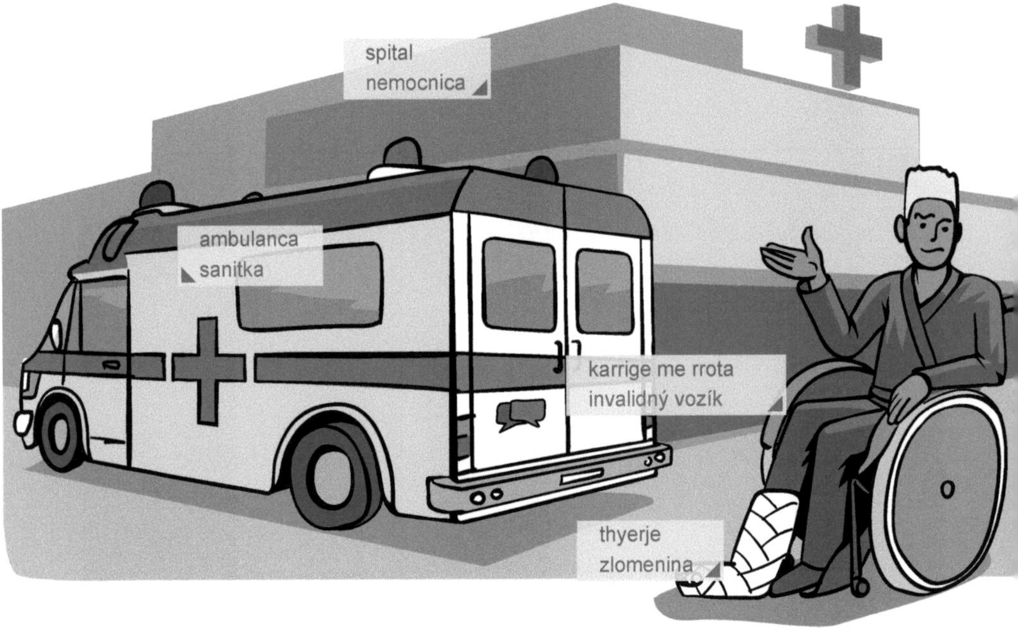

spital
nemocnica
ambulanca
sanitka
karrige me rrota
invalidný vozík
thyerje
zlomenina

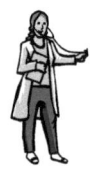

mjek
lekár

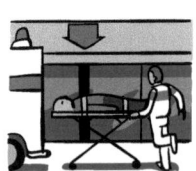

sallë urgjencash
urgentný príjem

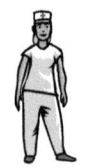

infermiere
sestrička

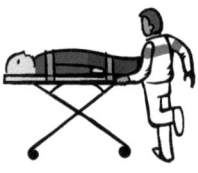

emergjencë
urgentný prípad

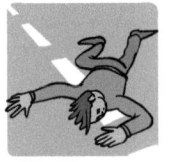

i pandërgjegjshëm
v bezvedomí

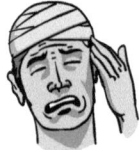

dhimbje
bolesť

| dëmtim | gjakosje | infarkt |
| zranenie | krvácanie | srdcový infarkt |

 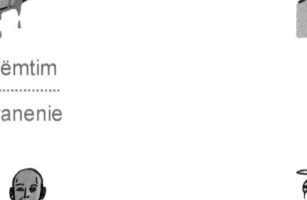 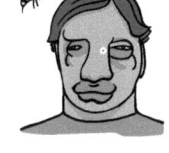 

| goditje | alergji | kolla |
| mozgová porážka | alergia | kašeľ |

| ethe | grip | diarre |
| teplota | chrípka | hnačka |

  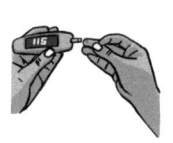

| dhimbje koke | kancer | diabet |
| bolesť hlavy | rakovina | cukrovka |

| kirurg | bisturi | operacion |
| chirurg | skalpel | operácia |

CT (skaner)
CT

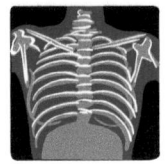

radiografi
RTG

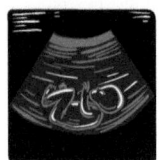

ultratingull
ultrazvuk

maskë fytyre
maska

sëmundje
choroba

dhomë pritjeje
čakáreň

paterica
barla

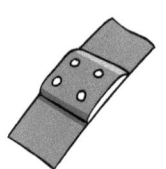

leukoplast
náplasť

fasho
obväz

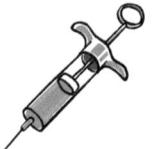

injeksion
injekcia

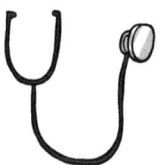

stetoskop
fonendoskop

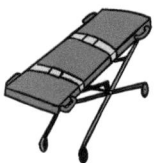

barelë
nosidlá

termometër
teplomer

lindje
pôrod

mbipeshë
nadváha

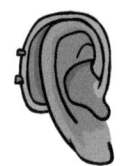

aparat dëgjimi

audiofón

dezinfektant

dezinfekčný prostriedok

infeksion

infekcia

virus

vírus

HIV / AIDS

HIV / AIDS

mjekësi, mjekim

medicína

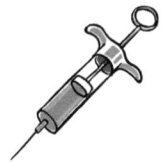

vaksinim

očkovanie

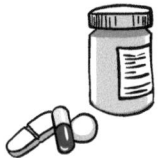

tableta

tabletky

pilulë

antikoncepčná pilulka

telefonatë emergjence

tiesňové volanie

aparat tensioni

tlakomer

i sëmurë / i shëndetshëm

chorý / zdravý

Ndihmë!

Pomoc!

alarm

alarm

sulm

prepad

atak

útok

rrezik

nebezpečenstvo

dalje emergjence

núdzový východ

Zjarr!

Horí!

fikëse zjarri

hasičský prístroj

aksident

nehoda

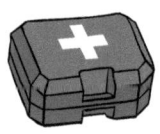

kuti e ndimës së shpejtë

kufrík prvej pomoci

SOS

SOS

policia

polícia

Europa

Európa

Amerika e Veriut

Severná Amerika

Amerika e Jugut

Južná Amerika

Afrika

Afrika

Azia

Ázia

Australia

Austrália

Atlantiku

Atlantický oceán

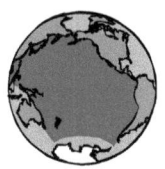

Paqësori

Tichý oceán

Oqeani Indian

Indický oceán

Oqeani Antarktik

Južný oceán

Oqeani Arktik

Severný ľadový oceán

Poli i veriut

Severný pól

Poli i Jugut

Južný pól

Antarktida

Antarktída

toka

Zem

tokë

krajina

det

more

ishull

ostrov

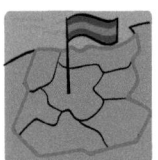

komb

národ

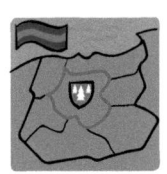

shtet

štát

fusha e orës
ciferník

akrepi i orës
hodinová ručička

akrepi i minutave
minútová ručička

akrepi i sekondave
sekundová ručička

Sa është ora?
Koľko je hodín?

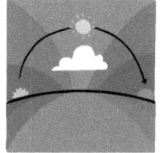

ditë
deň

kohë
čas

tani
teraz

orë dixhitale
digitálne hodiny

minutë
minúta

orë
hodina

e hënë
pondelok — **MO**

W e mërkurë
streda

FR e premte
piatok

TU

TH

e shtunë
sobota

SA

e martë
utorok

SO

e enjte
štvrtok

e diel
nedeľa

dje
....
včera

sot
....
dnes

nesër
....
zajtra

mëngjes
....
ráno

mesditë
....
poludnie

mbrëmje
....
večer

ditë pune
....
pracovné dni

fundjavë
....
víkend

vit

rok

shi
dážď
ylber
dúha
erë
vietor
borë
sneh
pranverë
jar
verë
leto
vjeshtë
jeseň
dimër
zima

4.APRIL 11°
5.APRIL 4°
6.APRIL 13°
7.APRIL 8°
8.APRIL 10°

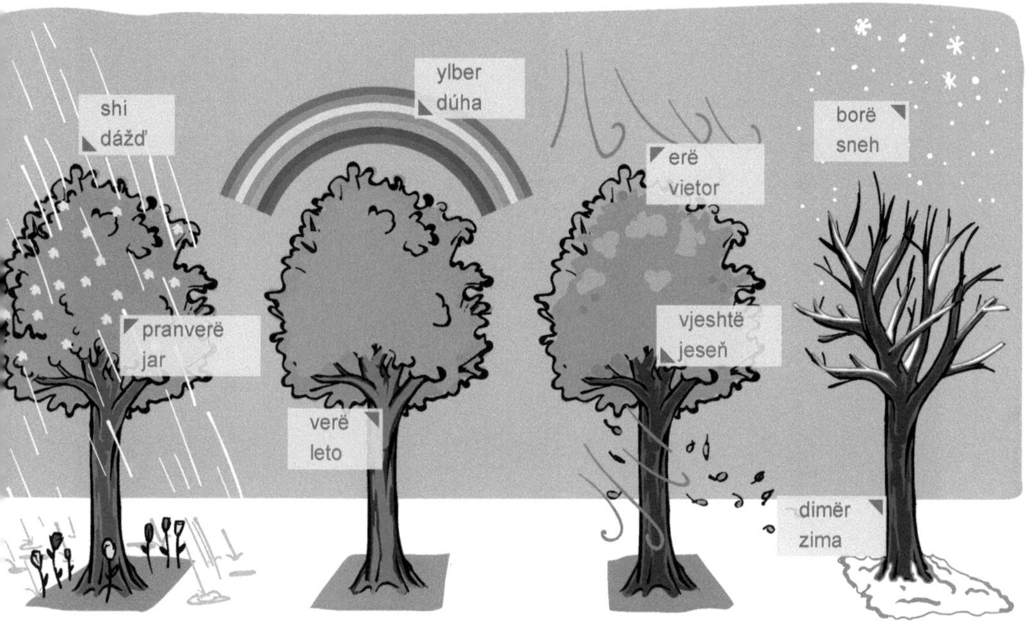

parashikimi i motit

predpoveď počasia

F C
120 40
90 30
60 20
30 10
0 0
-30 -10
-20

termometër

teplomer

ndriçim dielli

slnečný svit

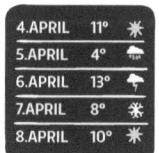

re

oblak

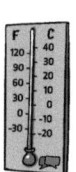

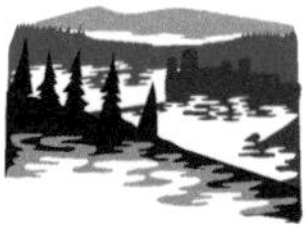

mjegull

hmla

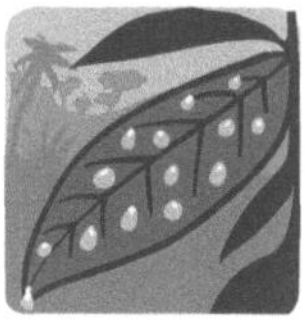

lagështi

vlhkosť vzduchu

vetëtima

blesk

gjëmim

hrom

stuhi

búrka

breshër

krúpy

muson

monzún

përmbytje

záplava

akull

ľad

janar

január

shkurt

február

mars

marec

prill

apríl

maj

máj

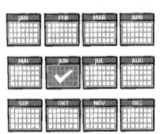

qershor

jún

korrik

júl

gusht

august

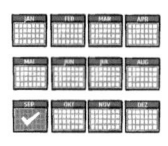

shtator
september

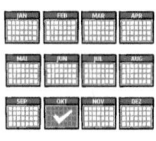

tetor
október

nëntor
november

dhjetor
december

forma
tvary

rreth
kruh

katror
štvorec

drejtkëndësh
obdĺžnik

trekëndësh
trojuholník

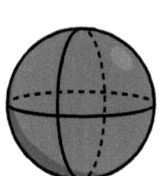

sferë
guľa

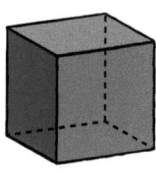

kub
kocka

e bardhë

biela

e verdhë

žltá

portokalli

oranžová

rozë

ružová

e kuqe

červená

vjollcë

fialová

blu

modrá

e gjelbër

zelená

kafe

hnedá

gri

šedá

e zezë

čierna

shumë / pak	i nevrikosur / i qetë	i bukur / i shëmtuar
veľa / málo	zúrivý / pokojný	pekný / škaredý

fillim / fund	i madh / i vogël	i ndritshëm / i errët
začiatok / koniec	veľký / malý	svetlý / tmavý

vëlla / motër	e pastër / e pistë	e plotë / jo e plotë
brat / sestra	čistý / špinavý	úplný / neúplný

ditë / natë	gjallë / vdekur	i gjerë / i ngushtë
deň / noc	mŕtvy / živý	široký / úzky

i ngrënshëm / i pangrënshëm
chutný / nechutný

i keq / i këndshëm
zlostný / láskavý

i lumtur / i mërzitur
vzrušený / unudený

i shëndoshë / i dobët
tlstý / chudý

e para / e fundit
prvý / posledný

mik / armik
priateľ / nepriateľ

plot / bosh
plný / prázdny

e fortë / e butë
tvrdý / mäkký

e rëndë / e lehtë
ťažký / ľahký

uri / etje
hlad / smäd

i sëmurë / i shëndetshëm
chorý / zdravý

e paligjshme / e ligjshme
nelegálny / legálny

i zgjuar / budalla
inteligentný / hlúpy

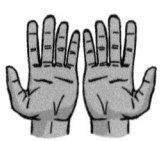

majtas / djathtas
vľavo / vpravo

afër / larg
blízko / ďaleko

e re / e përdorur

nový / použitý

asgjë / diçka

nič / niečo

i moshuar / i ri

starý / mladý

ndezur / fikur

zapnuté / vypnuté

hapur / mbyllur

otvorené / zatvorené

i qetë / i zhurmshëm

tichý / hlasný

i pasur / i varfër

bohatý / chudobný

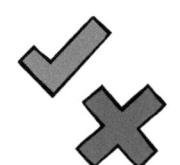

e drejtë / e gabuar

správne / nesprávne

i ashpër / i butë

drsný / hladký

i mërzitur / i lumtur

smutný / šťastný

i shkurtër / i gjatë

krátky / dlhý

ngadalë / shpejt

pomaly / rýchlo

i lagësht / i thatë

mokrý / suchý

ngrohtë / freskët

teplý / studený

luftë / paqe

vojna / mier

0	**1**	**2**
zero	një	dy
nula	jeden	dva

3	**4**	**5**
tre	katër	pesë
tri	štyri	päť

6	**7**	**8**
gjashtë	shtatë	tetë
šesť	sedem	osem

9	**10**	**11**
nentë	dhjetë	njëmbëdhjetë
deväť	desať	jedenásť

12

dymbëdhjetë

dvanásť

13

trembëdhjetë

trinásť

14

katërmbëdhjetë

štrnásť

15

pesëmbëdhjetë

pätnásť

16

gjashtëmbëdhjetë

šestnásť

17

shtatëmbëdhjetë

sedemnásť

18

tetëmbëdhjetë

osemnásť

19

nentëmbëdhjetë

devätnásť

20

njëzetë

dvadsať

100

qind

sto

1.000

mijë

tisíc

1.000.000

milion

milión

anglisht

angličtina

anglishte amerikane

americká angličtina

kinezisht mandarin

mandarínska čínština

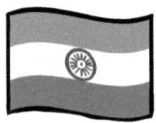

hindi

hindčina

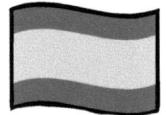

spanjisht

španielčina

frëngjisht

francúzština

arabisht

arabčina

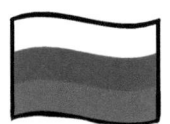

rusisht

ruština

portugalisht

portugalčina

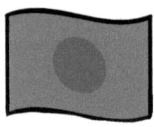

bengalisht

bengálčina

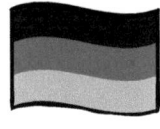

gjermanisht

nemčina

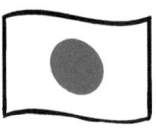

japonisht

japončina

unë
ja

ti
ty

ai / ajo
on/ona/ono

ne
my

ju
vy

ata
oni

kush?
kto?

çfarë?
čo?

si?
ako?

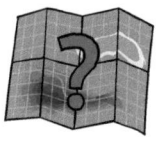

ku?
kde?

kur?
kedy?

emër
meno

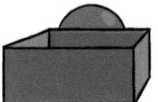

pas
za

në
v

përballë
pred

sipër
nad

mbi
na

poshtë
pod

pranë
vedľa

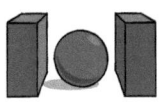

midis
medzi

vend
miesto